ت ث ج

ح خ د ذ ر

ز س ش ص ض

ط ظ ع غ ف

ق ك ل م ن

هـ و ي

This book is brought to you by:

Kawkab Nour

Arabic For Little Ones

© copyright 2019 Kawkab Nour Press. All rights reserved.

أ

alif

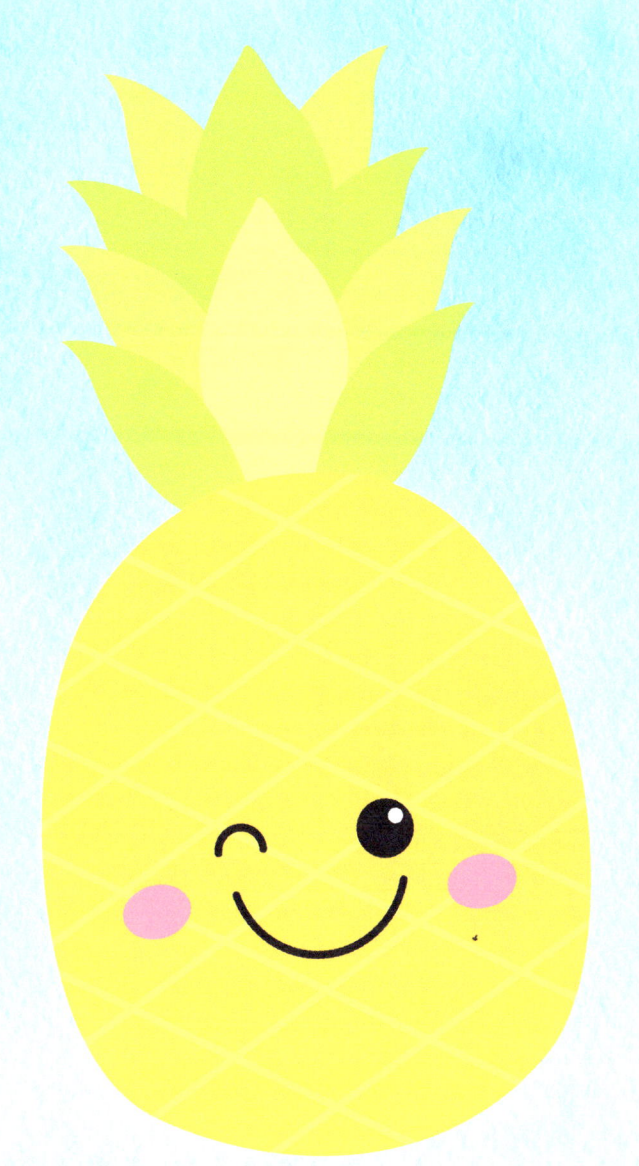

أَنَانَاس

pineapple

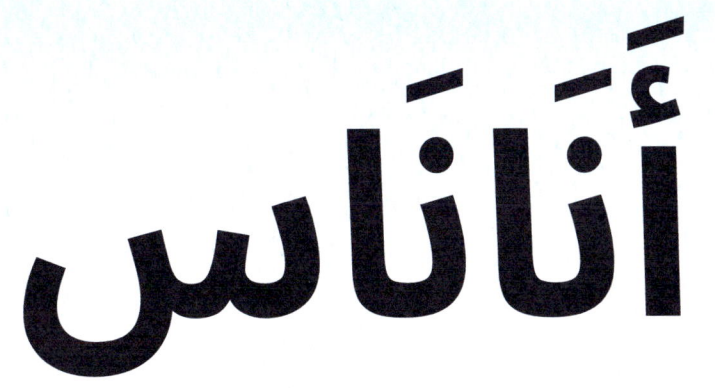

ب

baa

بَطِّيخ

watermelon

ت

taa

تُفَّاحَة

apple

ث
thaa

ثُعْبَان

snake

ج

jeem

جَزَرَة

carrot

ح

haa

snail

حَلْزُون

خ
khaa

خِيَار

cucumber

د

daal

bicycle

دَرَّاجَة

ذ

dhaal

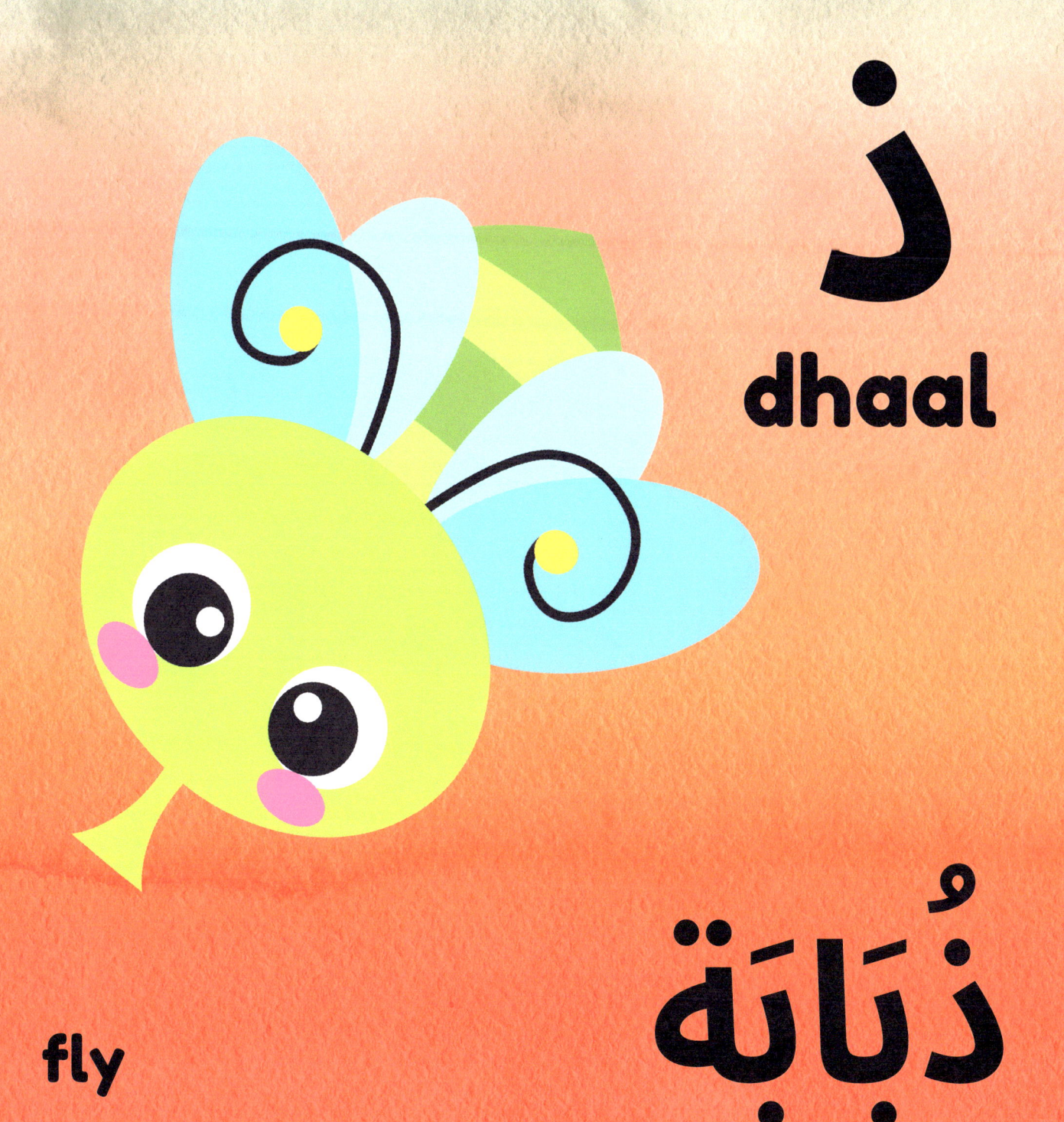

fly

ذُبَابَة

ر

raa

رُمَّان

pomegranate

ز
zaay

button

زِرّ

س
seen

سُلَحْفَاة
tortoise

ش

sheen

شَجَرَة

tree

ص

saad

صَارُوخ

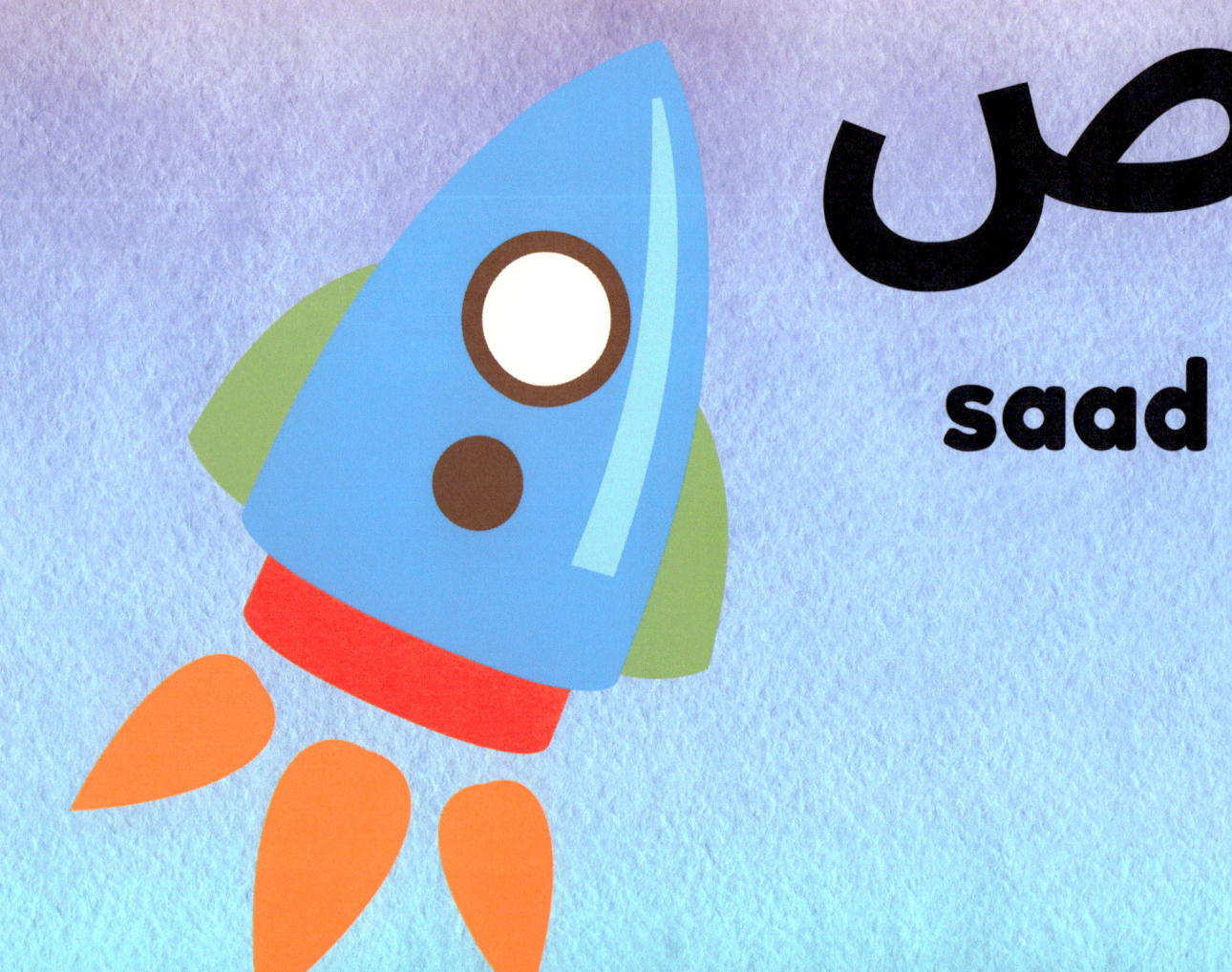

rocket

ض

daad

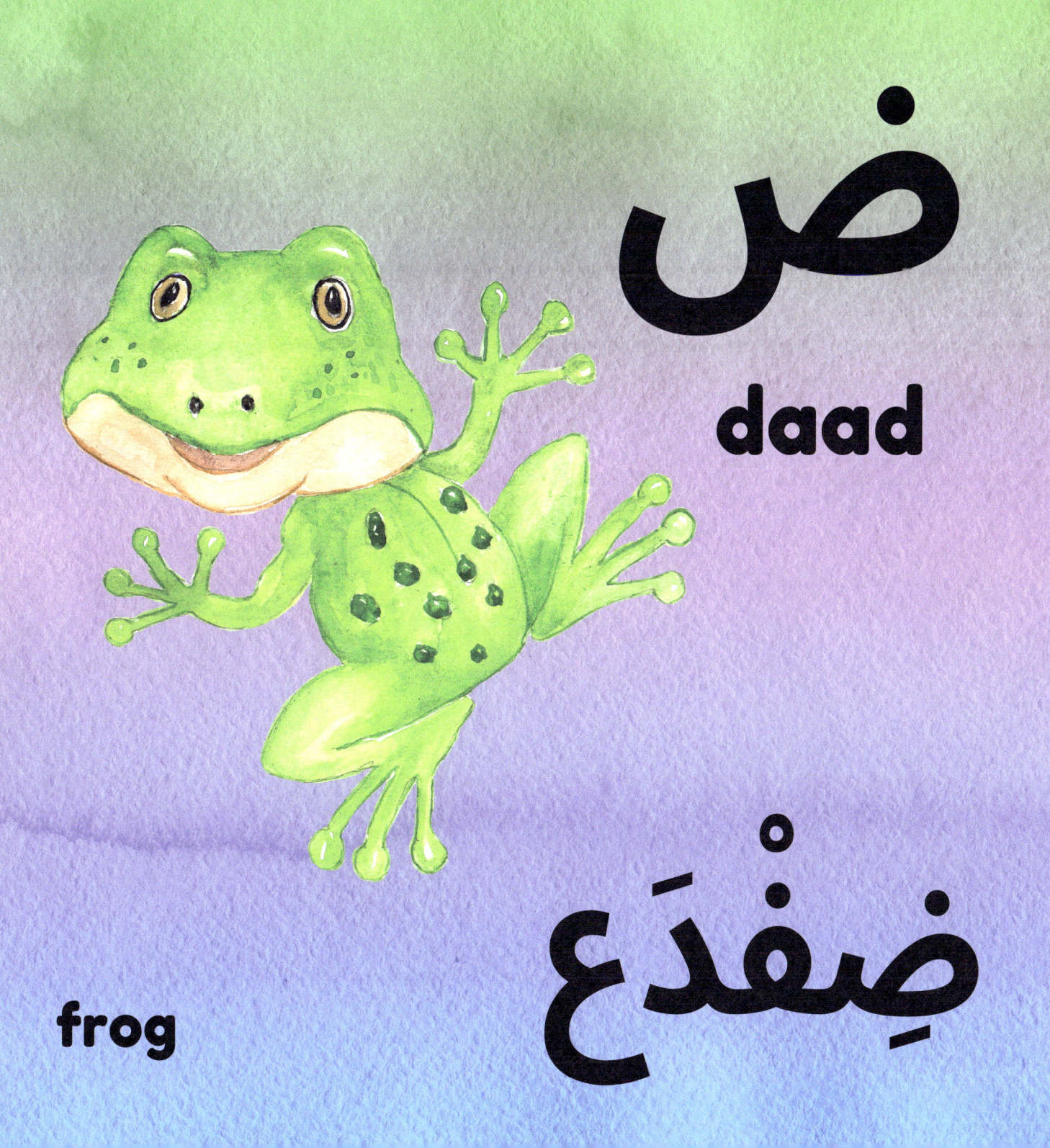

ضِفْدَع

frog

ط
Taa

airplane
طَائِرَة

ظ
Dhaa

envelope

ظَرْف

ع

ayn

grapes

عِنَب

غ
ghayn

submarine غَوَّاصَة

ف
faa

فَرَاشَة

butterfly

ق

qaaf

قِطَار

train

ك

kaaf

cherry

كَرَز

ل
laam

lemon
لَيْمُون

م
meem

مَوْزَة

banana

ن

noon

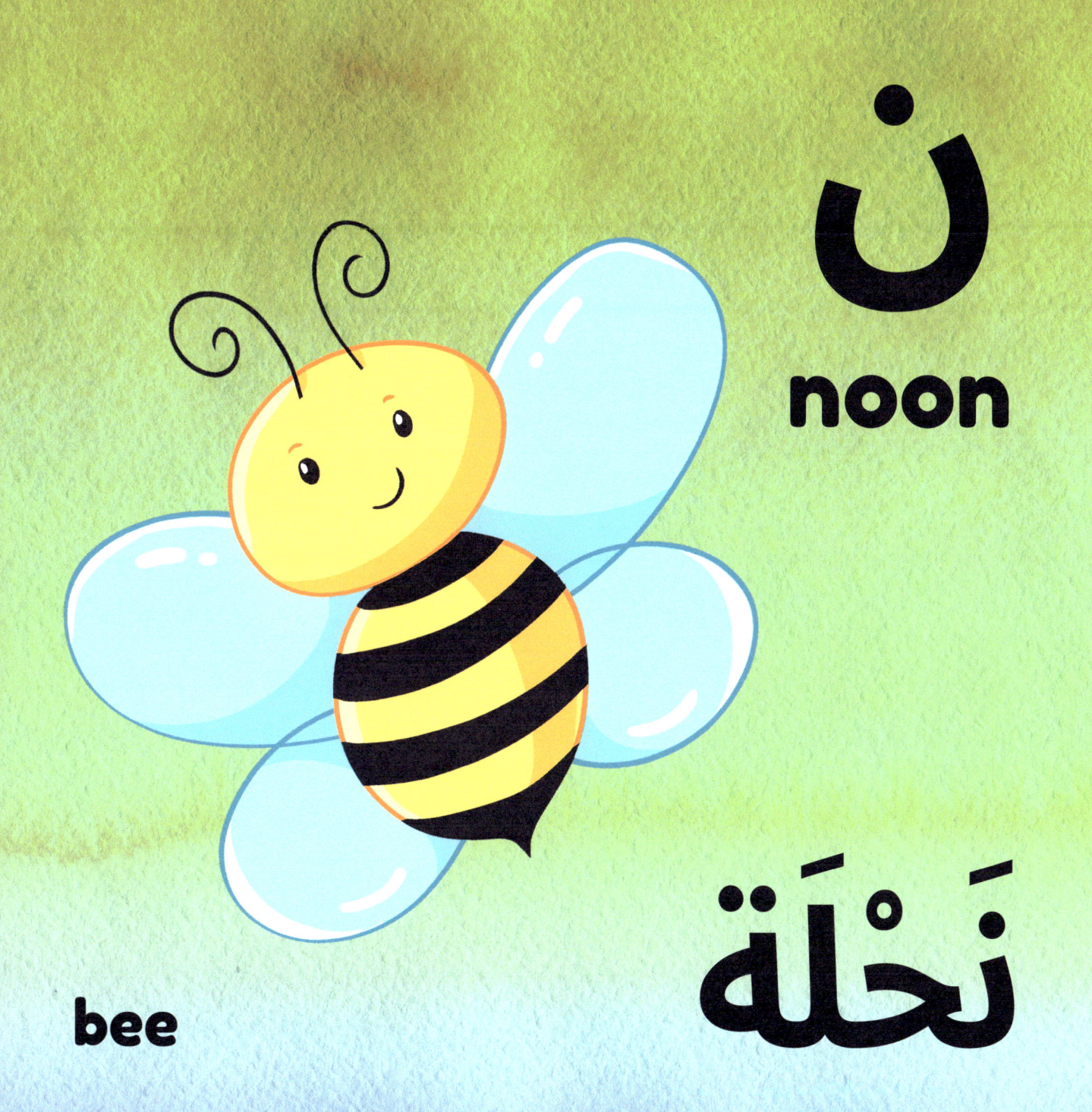

نَحْلَة

bee

هـ
haa

هَدِيَّة
gift

و
waaw

وَرْدَة

rose

ي
yaa

يَقْطِين

pumpkin

أَ أُ إِ

بَ بُ بِ

تَ تُ تِ

ثَ ثُ ثِ

جَ جُ جِ

حَ حُ حِ

خَ خُ خِ

دَ دُ دِ

ذَ ذُ ذِ

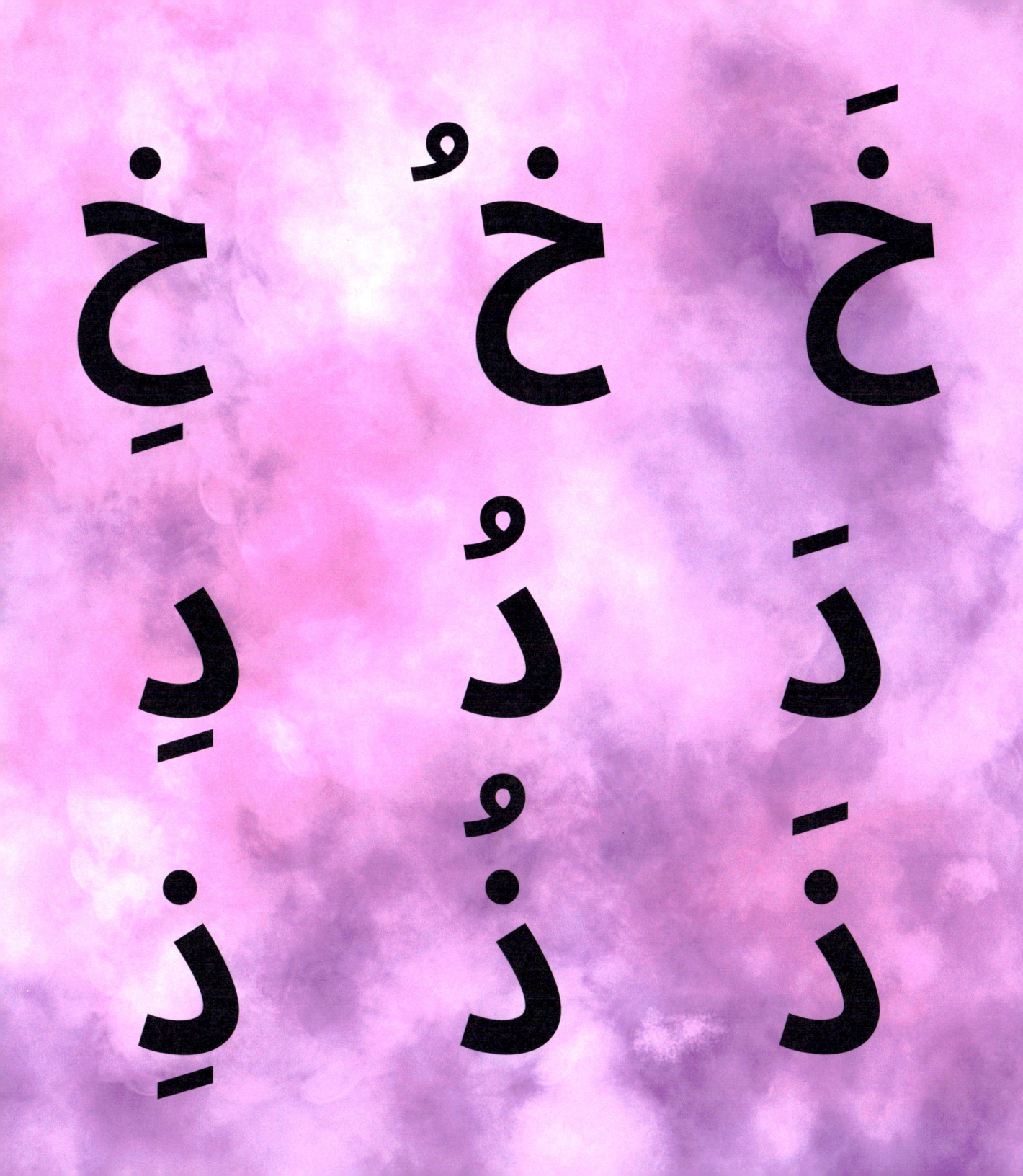

رَ رُ رِ

زَ زُ زِ

سَ سُ سِ

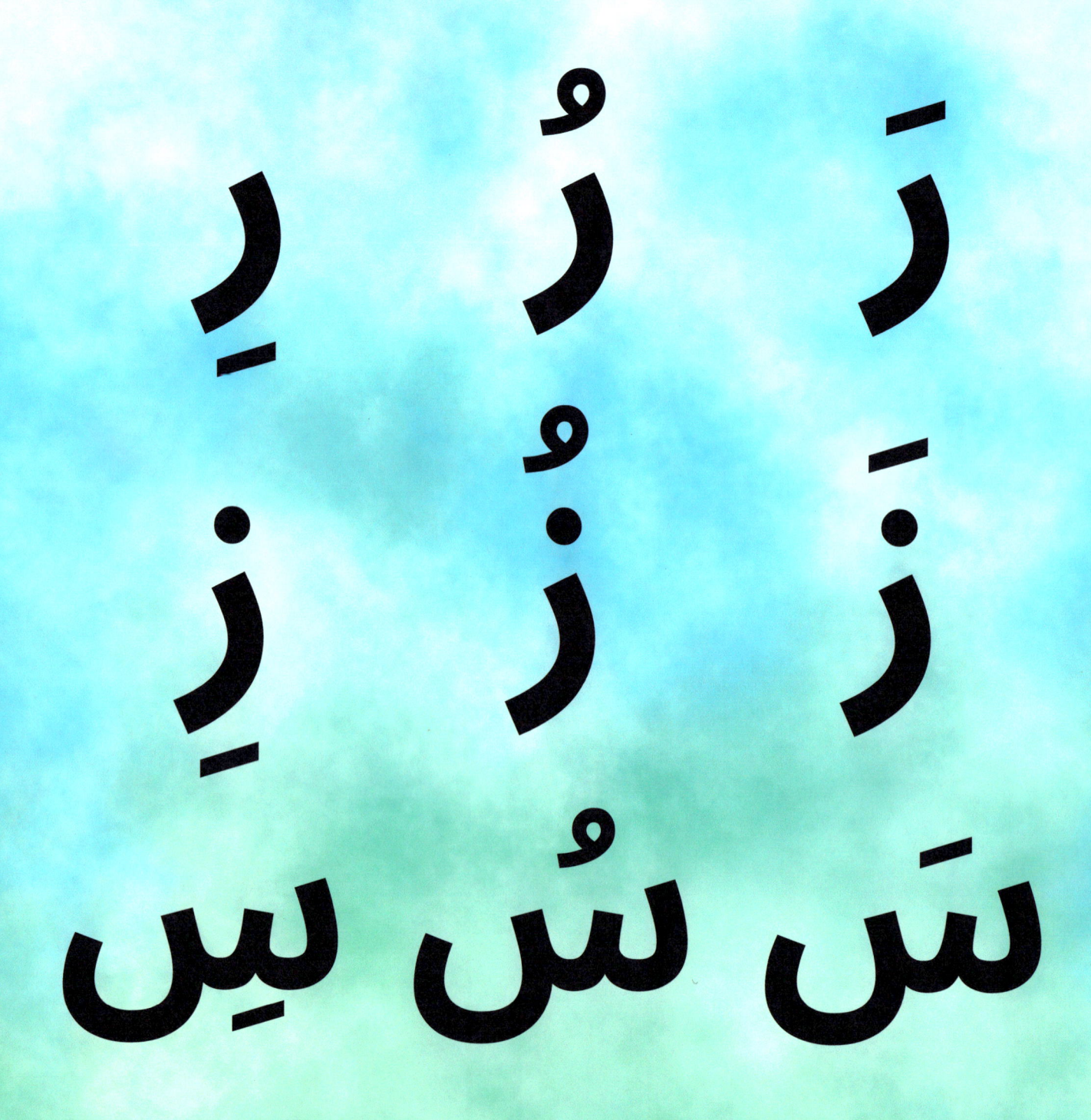

شَ شُ شِ

صَ صُ صِ

ضَ ضُ ضِ

طَ طُ طِ

ظَ ظُ ظِ

عَ عُ عِ

غَ	غُ	غِ
فَ	فُ	فِ
قَ	قُ	قِ

كَ	كُ	كِ
لَ	لُ	لِ
مَ	مُ	مِ

نَ نُ نِ

هَـ هُـ هِـ

وَ وُ وِ

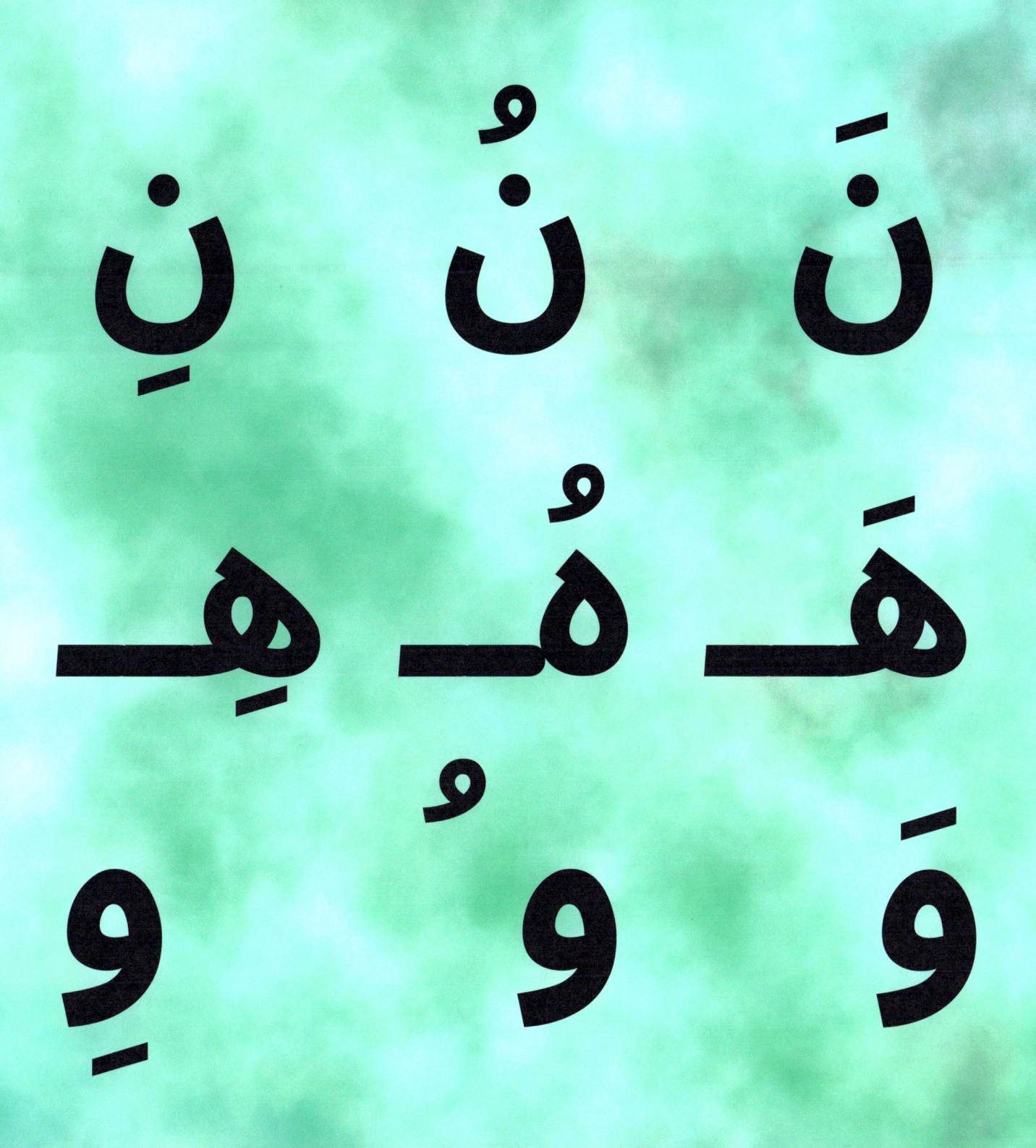

يَ يُ يِ

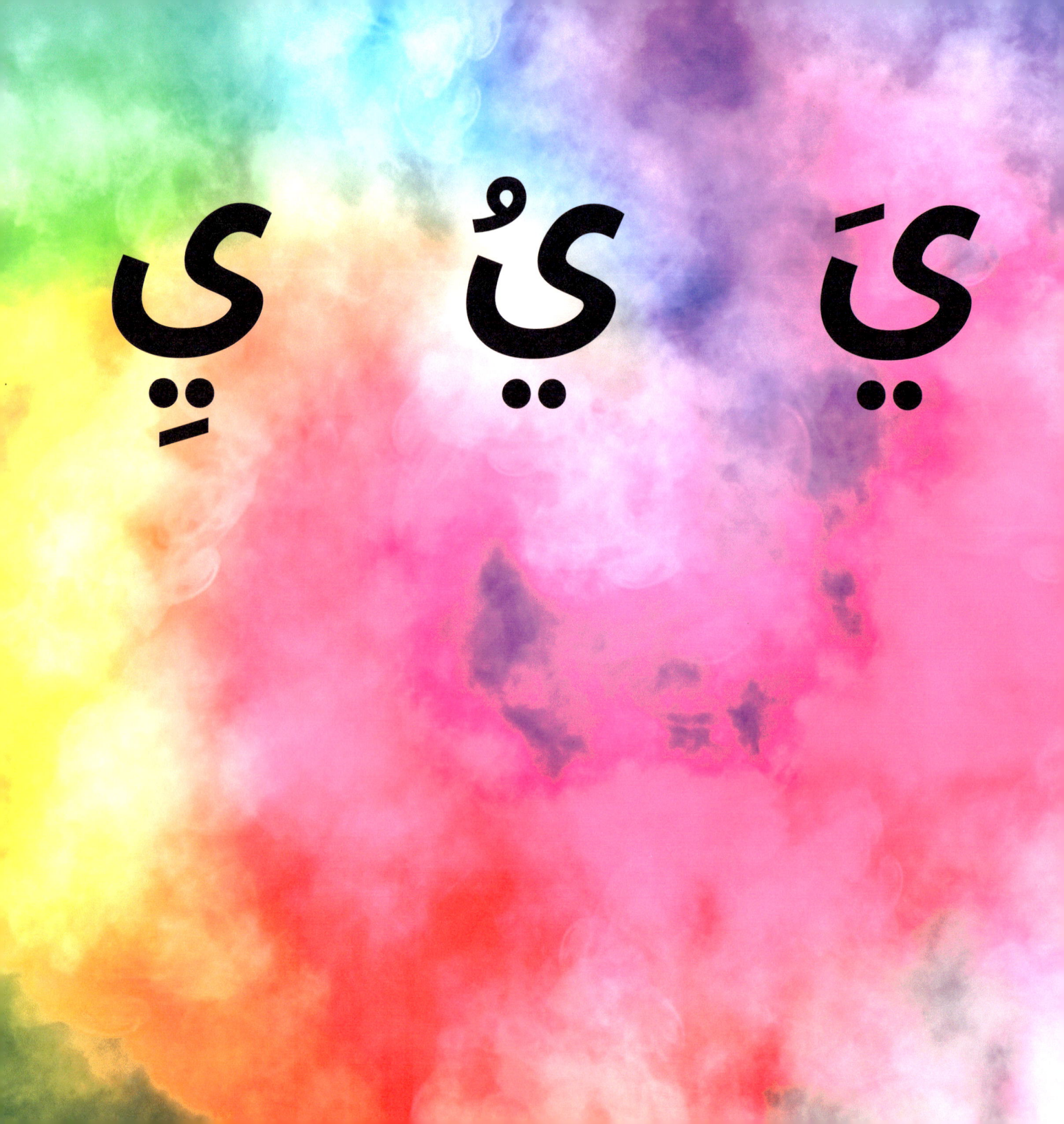

Made in United States
Cleveland, OH
29 October 2024

10374107R00026